Impressum
Verlag: BABADADA GmbH, Nedderfeld 112 , 22529 Hamburg
Geschäftsführer / Verlagsleitung: Harald Hof
Druck: Books on Demand GmbH, In de Tarpen 42, 22848 Norderstedt

Imprint
Publisher: BABADADA GmbH, Nedderfeld 112 , 22529 Hamburg, Germany
Managing Director / Publishing direction: Harald Hof
Print: Books on Demand GmbH, In de Tarpen 42, 22848 Norderstedt

koulu
école

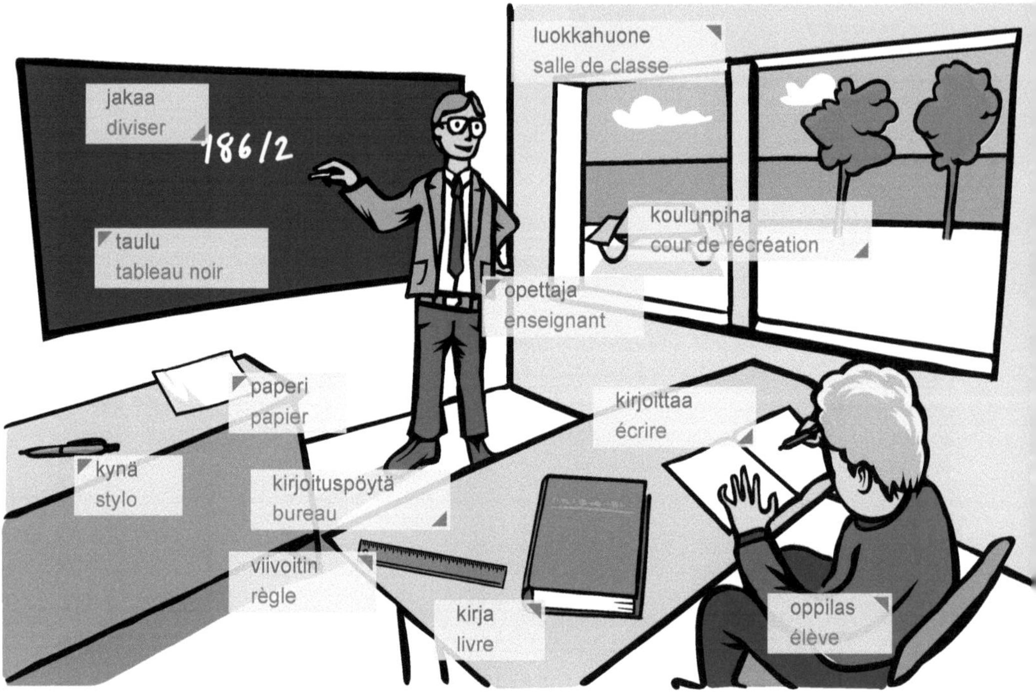
luokkahuone
salle de classe
jakaa
diviser
186/2
taulu
tableau noir
koulunpiha
cour de récréation
opettaja
enseignant
paperi
papier
kirjoittaa
écrire
kynä
stylo
kirjoituspöytä
bureau
viivoitin
règle
kirja
livre
oppilas
élève

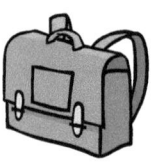

reppu
sac d'école

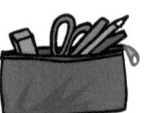

penaali
trousse

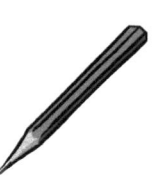

lyijykynä
crayon

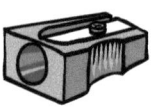

kynänteroitin
taille-crayon

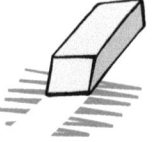

pyyhekumi
gomme

piirustuslehtiö
carnet à dessin

piirustus
dessin

pensseli
pinceau

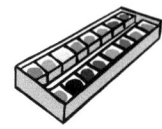

vesivärit
boîte de peinture

sakset
ciseaux

liima
colle

harjoituskirja
cahier d'exercices

kotitehtävä
tâches

12

luku
chiffre

2+2

lisätä
additionner

5-2

vähentää
soustraire

2×2

kertoa
multiplier

laskea
calculer

kirjain
lettre

**ABCDEFG
HIJKLMN
OPQRSTU
VWXYZ**

aakkoset
alphabet

sana
mot

teksti

texte

lukea

lire

liitu

craie

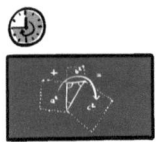

oppitunti

leçon

opettajan muistikirja

livre de classe

koe

examen

todistus

certificat

koulupuku

uniforme scolaire

koulutus

formation

sanakirja

lexique

yliopisto

université

mikroskooppi

microscope

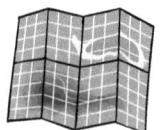

kartta

carte

roskakori

corbeille à papier

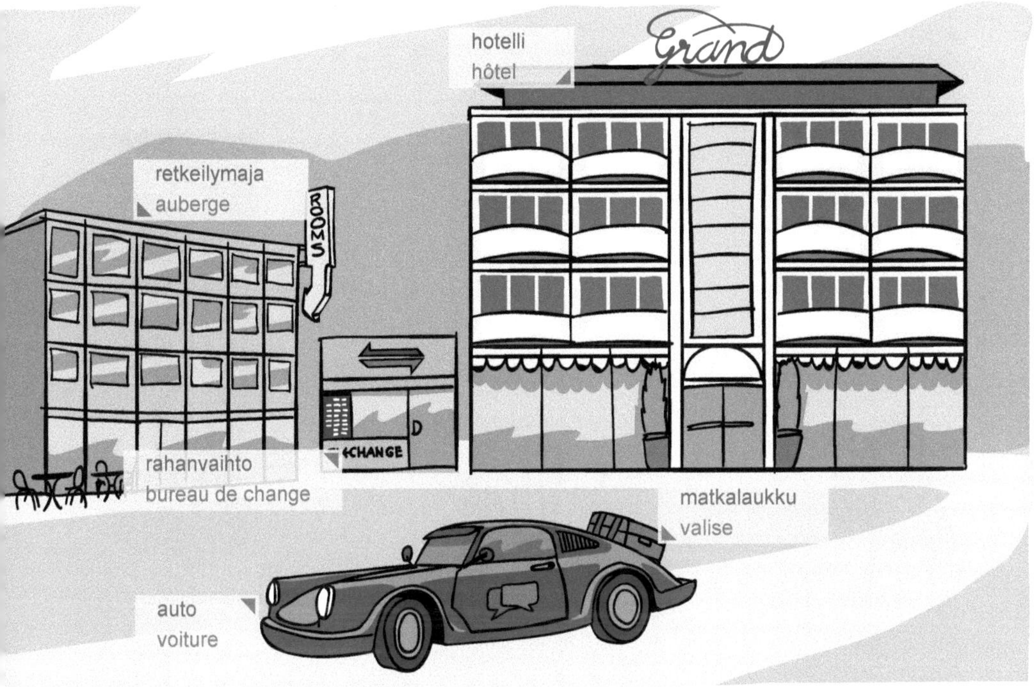

hotelli
hôtel
Grand
retkeilymaja
auberge
ROOMS
CHANGE
rahanvaihto
bureau de change
matkalaukku
valise
auto
voiture

kieli

langue

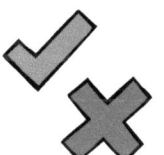

kyllä / ei

oui / non

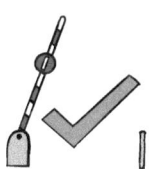

selvä

d'accord

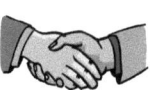

hei

Salut

tulkki

interprète

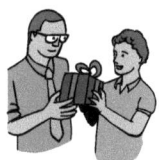

kiitos

merci

Paljonko...maksaa?

Combien coûte...?

en ymmärrä

Je ne comprends pas

ongelma

problème

Hyvää iltaa!

Bonsoir!

Hyvää huomenta!

Bonjour!

Hyvää yötä!

Bonne nuit!

näkemiin

Au revoir

suunta

direction

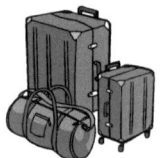

matkatavarat

bagages

laukku

sac

reppu

sac-à-dos

vieras

hôte

huone

pièce

makuupussi

sac de couchage

teltta

tente

matka - voyage

turisti-info
office de tourisme

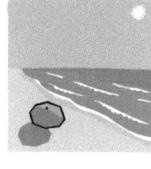

ranta
plage

luottokortti
carte de crédit

aamupala
petit-déjeuner

lounas
déjeuner

päivällinen
dîner

matkalippu
billet

hissi
ascenseur

postimerkki
timbre

raja
frontière

tulli
douane

suurlähetystö
ambassade

viisumi
visa

passi
passeport

kuljetus
transport

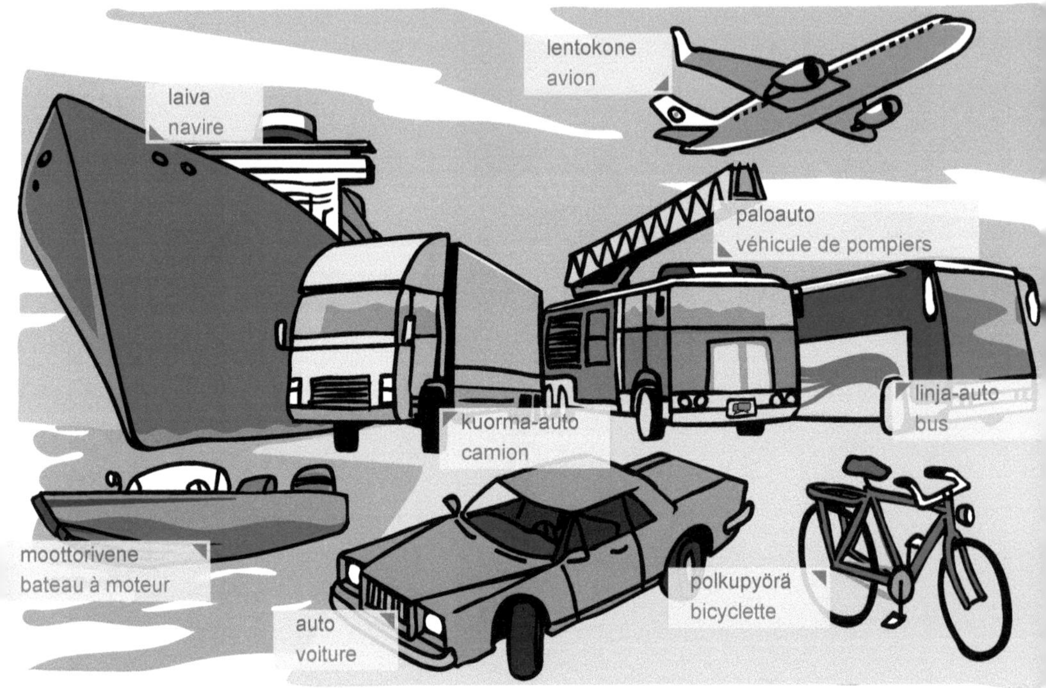
lentokone
avion
laiva
navire
paloauto
véhicule de pompiers
linja-auto
bus
kuorma-auto
camion
moottorivene
bateau à moteur
polkupyörä
bicyclette
auto
voiture

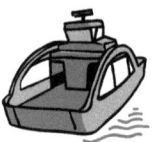

lautta

ferry

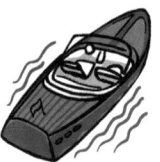

vene

barque

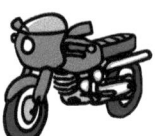

moottoripyörä

moto

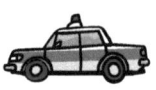

poliisiauto

voiture de police

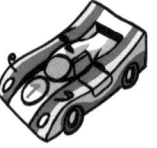

kilpa-auto

voiture de course

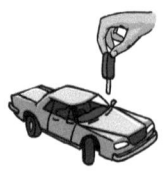

vuokra-auto

voiture de location

car sharing

autopartage

hinausauto

dépanneuse

roska-auto

benne à ordures

moottori

moteur

polttoaine

essence

huoltoasema

station d'essence

liikennemerkki

panneau indicateur

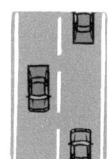

liikenne

trafic

ruuhka

embouteillage

parkkipaikka

parking

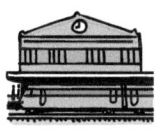

rautatieasema

gare

raiteet

rails

juna

train

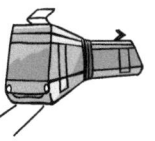

raitiovaunu

tram

vaunu

wagon

helikopteri
hélicoptère

lentokenttä
aéroport

lähilennonjohto
tour

matkustaja
passager

kontti
container

pahvilaatikko
carton

kärryt
chariot

kori
corbeille

nousta / laskea
décoller / atterrir

kaupunki
ville

kylä
village

keskusta
centre-ville

talo
maison

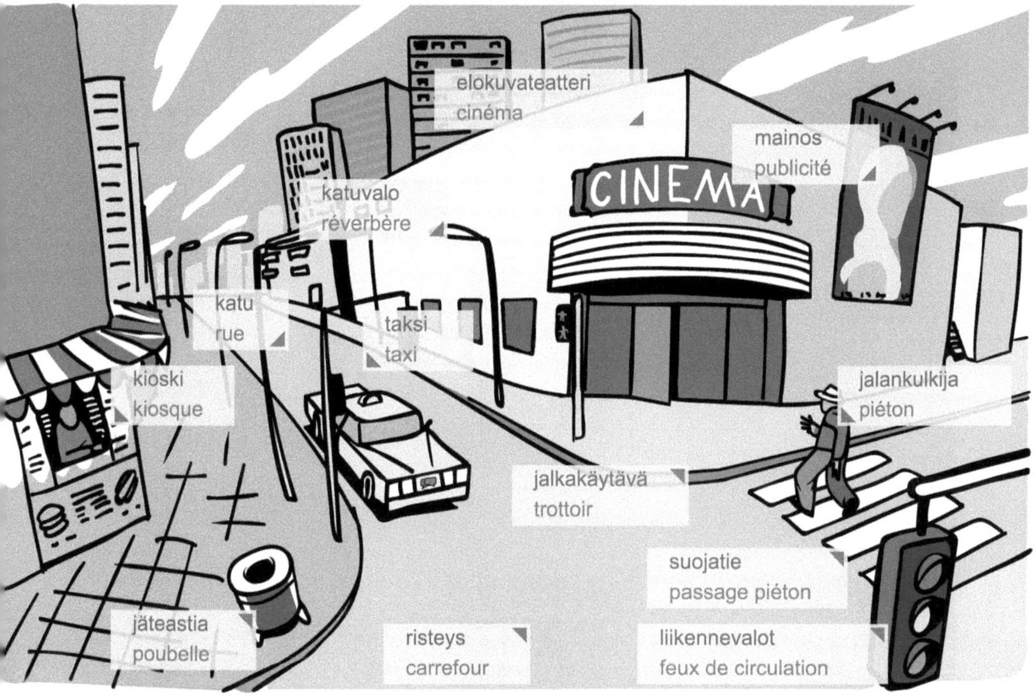

elokuvateatteri
cinéma

mainos
publicité

katuvalo
réverbère

CINEMA

katu
rue

taksi
taxi

jalankulkija
piéton

kioski
kiosque

jalkakäytävä
trottoir

suojatie
passage piéton

jäteastia
poubelle

risteys
carrefour

liikennevalot
feux de circulation

mökki

cabane

kerrostalo

appartement

rautatieasema

gare

kaupungintalo

mairie

museo

musée

koulu

école

yliopisto

université

pankki

banque

sairaala

hôpital

hotelli

hôtel

apteekki

pharmacie

toimisto

bureau

kirjakauppa

librairie

liike

magasin

kukkakauppa

fleuriste

supermarketti

supermarché

tori

marché

tavaratalo

grand magasin

kalakauppias

poissonnerie

ostoskeskus

centre commercial

satama

port

puisto

parc

penkki

banque

silta

pont

portaat

escaliers

metro

métro

tunneli

tunnel

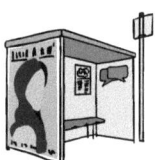

linja-autopysäkki

arrêt de bus

baari

bar

ravintola

restaurant

postilaatikko

boîte à lettres

katukyltti

panneau indicateur

parkkimittari

parcomètre

eläintarha

zoo

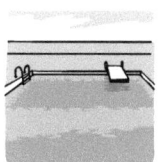

uimala

réverbère

moskeija

mosquée

maatila
ferme

ympäristön saastuminen
pollution

hautausmaa
cimetière

kirkko
église

leikkikenttä
aire de jeux

temppeli
temple

maisema
paysage

lehti
feuille

tienviitta
panneau indicateur

tie
chemin

niitty
pré

kivi
pierre

puu
arbre

retkeilijä
randonneur

joki
rivière

ruoho
herbe

kukka
fleur

laakso
vallée

vuori
montagne

järvi
lac

metsä
forêt

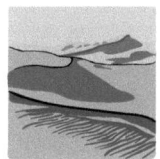

aavikko
désert

tulivuori
volcan

linna
château

sateenkaari
arc-en-ciel

sieni
champignon

palmu
palmier

hyttynen
moustique

kärpänen
mouche

muurahainen
fourmis

mehiläinen
abeille

hämähäkki
araignée

maisema - paysage 15

kovakuoriainen

scarabée

sammakko

grenouille

orava

écureuil

siili

hérisson

jänis

lapin

pöllö

chouette

lintu

oiseau

joutsen

cygne

villisika

sanglier

peura

cerf

hirvi

élan

pato

barrage

tuulimylly

éolienne

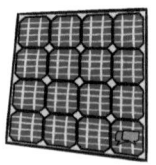

aurinkopaneeli

panneau solaire

ilmasto

climat

ravintola
restaurant

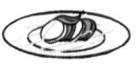

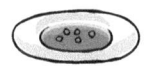

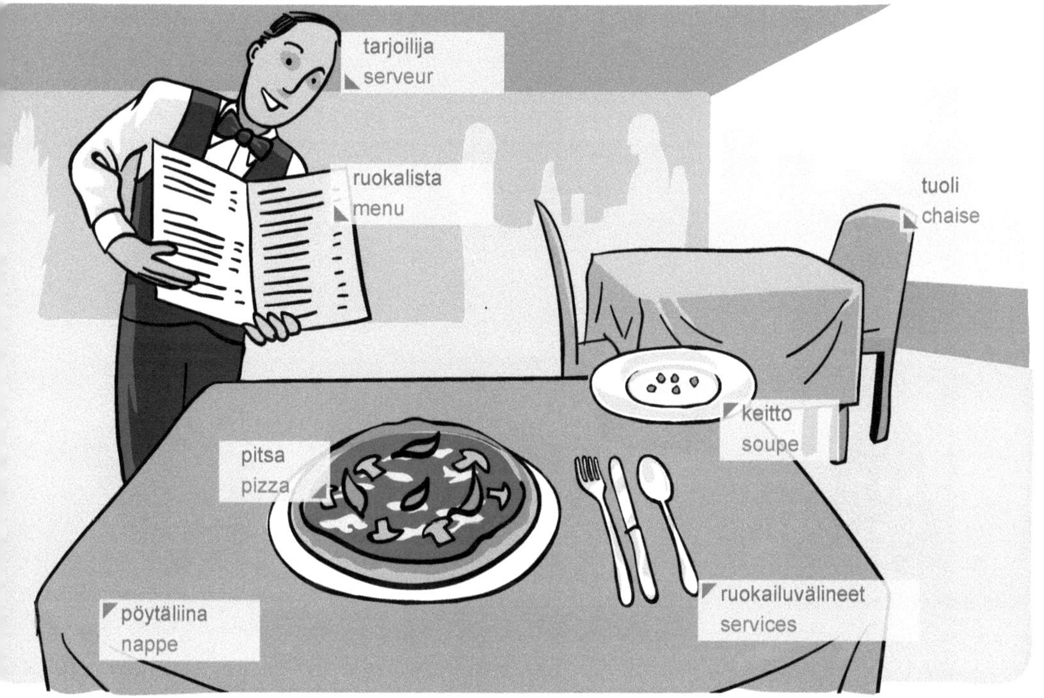

tarjoilija
serveur
ruokalista
menu
tuoli
chaise
keitto
soupe
pitsa
pizza
ruokailuvälineet
services
pöytäliina
nappe

alkuruoka

hors d'œuvre

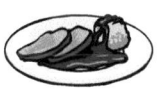

pääruoka

plat principal

jälkiruoka

dessert

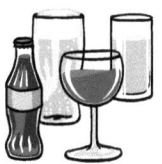

juomat

boissons

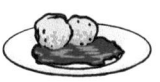

ruoka

alimentation

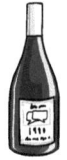

pullo

bouteille

pikaruoka

fast-food

katuruoka

plats à emporter

teekannu

théière

sokeriastia

sucrier

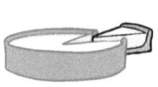

annos

portion

espressokeitin

machine à expresso

syöttötuoli

chaise haute

lasku

facture

tarjotin

plateau

veitsi

couteau

haarukka

fourchette

lusikka

cuillère

teelusikka

cuillère à thé

servietti

serviette

lasi

verre

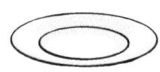

lautanen

assiette

syvä lautanen

assiette à soupe

aluslautanen

soucoupe

kastike

sauce

suolasirotin

salière

pippurimylly

moulin à poivre

etikka

vinaigre

öljy

huile

mausteet

épices

ketsuppi

ketchup

sinappi

moutarde

majoneesi

mayonnaise

supermarketti
supermarché

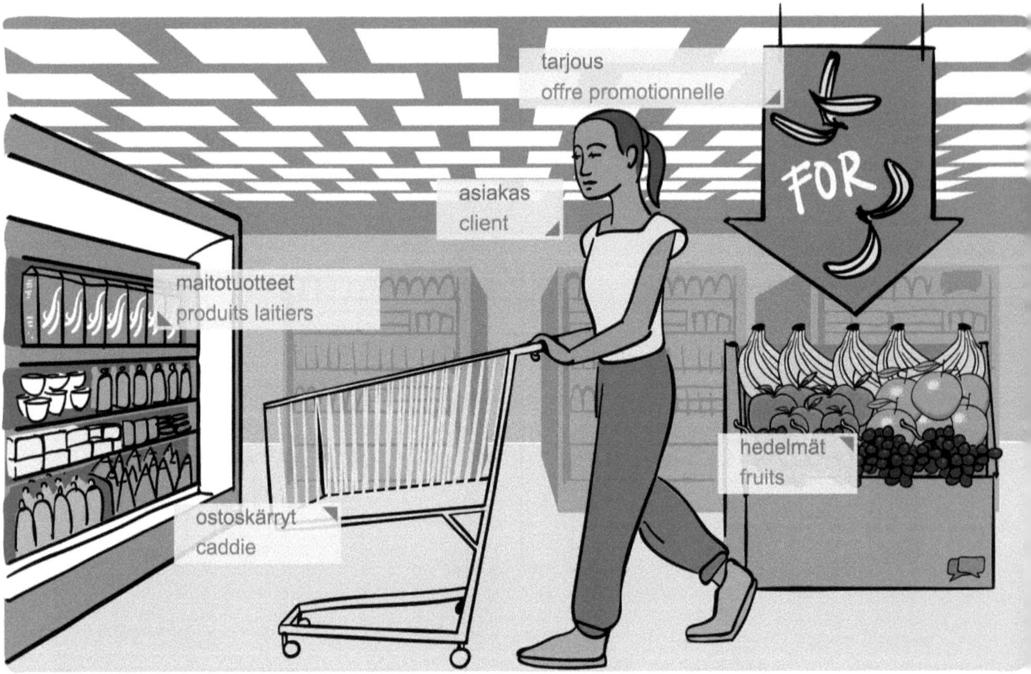

tarjous
offre promotionnelle
FOR
asiakas
client
maitotuotteet
produits laitiers
hedelmät
fruits
ostoskärryt
caddie

BUTCHERS

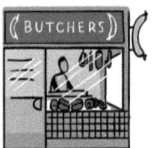

teurastamo

boucherie

BAKERY

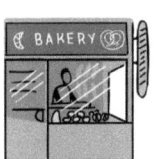

leipomo

boulangerie

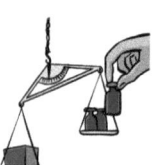

punnita

peser

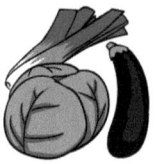

kasvikset

légumes

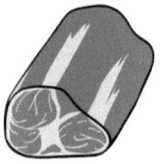

liha

viande

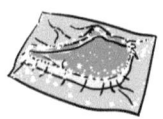

pakasteet

aliments surgelés

leikkele

charcuterie

säilykkeet

conserves

pesujauhe

poudre à lessive

makeiset

bonbons

kotitaloustarvikkeet

articménagers

puhdistusaineet

détergents

myyjä

vendeuse

kassa

caisse

kassanhoitaja

caissier

ostoslista

liste d'achats

aukioloajat

heures d'ouverture

lompakko

portefeuille

luottokortti

carte de crédit

kassi

sac

muovipussi

sac en plastique

vesi

eau

mehu

jus de fruit

maito

lait

kokis

coca

viini

vin

olut

bière

alkoholi

alcool

kaakao

chocolat chaud

tee

thé

kahvi

café

espresso

expresso

cappuccino

cappuccino

banaani

banane

omena

pomme

appelsiini

orange

meloni

melon

sitruuna

citron

porkkana

carotte

valkosipuli

ail

bambu

bambou

sipuli

oignon

sieni

champignon

pähkinät

noisettes

spagetti

pâtes

spagetti

spaghettis

riisi

riz

salaatti

salade

ranskalaiset

frites

paistetut perunat

pommes de terre rôties

pitsa

pizza

hampurilainen

hamburger

voileipä

sandwich

leike

escalope

kinkku

jambon

salami

salami

makkara

saucisse

kana

poulet

paisti

rôti

kala

poisson

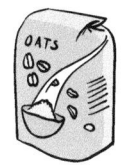

kaurahiutaleet

flocons d'avoine

mysli

muesli

murot

cornflakes

jauho

farine

voisarvi

croissant

sämpylä

petits-pains

leipä

pain

paahtoleipä

pain grillé

keksit

biscuits

voi

beurre

rahka

fromage blanc

kakku

gâteau

kananmuna

œuf

paistettu kananmuna

œuf au plat

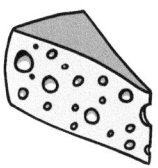

juusto

fromage

jäätelö

glace

sokeri

sucre

hunaja

miel

hillo

confiture

suklaapähkinälevite

crème nougat

curry

curry

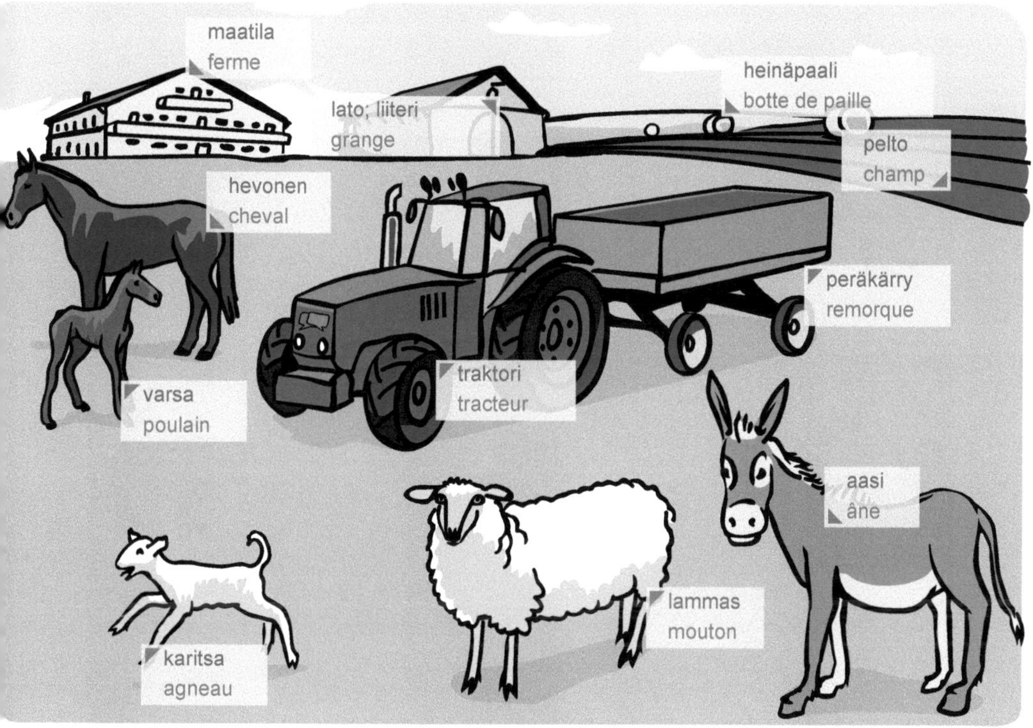

maatila
ferme

heinäpaali
botte de paille

lato; liiteri
grange

pelto
champ

hevonen
cheval

peräkärry
remorque

varsa
poulain

traktori
tracteur

aasi
âne

karitsa
agneau

lammas
mouton

vuohi

chèvre

lehmä

vache

vasikka

veau

sika

porc

porsas

porcelet

sonni

taureau

hanhi
oie

ankka
canard

tipu
poussin

kana
poule

kukko
coq

rotta
rat

kissa
chat

hiiri
souris

härkä
bœuf

koira
chien

koirankoppi
chenil

puutarhaletku
tuyau de jardin

kastelukannu
arrosoir

viikate
faucheuse

aura
charrue

sirppi

faucille

kuokka

pioche

talikko

fourche

kirves

hache

kottikärryt

brouette

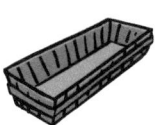

kaukalo

cuve

maitokannu

pot à lait

säkki

sac

aita

clôture

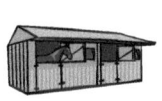

talli

étable

kasvihuone

serre

maa

sol

siemen

semences

lannoite

engrais

leikkuupuimuri

moissonneuse-batteuse

kerätä sato

récolter

sato

récolte

jamssit

igname

vehnä

blé

soija

soja

peruna

pomme de terre

maissi

maïs

rypsi

colza

hedelmäpuu

arbre fruitier

maniokki

manioc

vilja

céréales

talo
maison

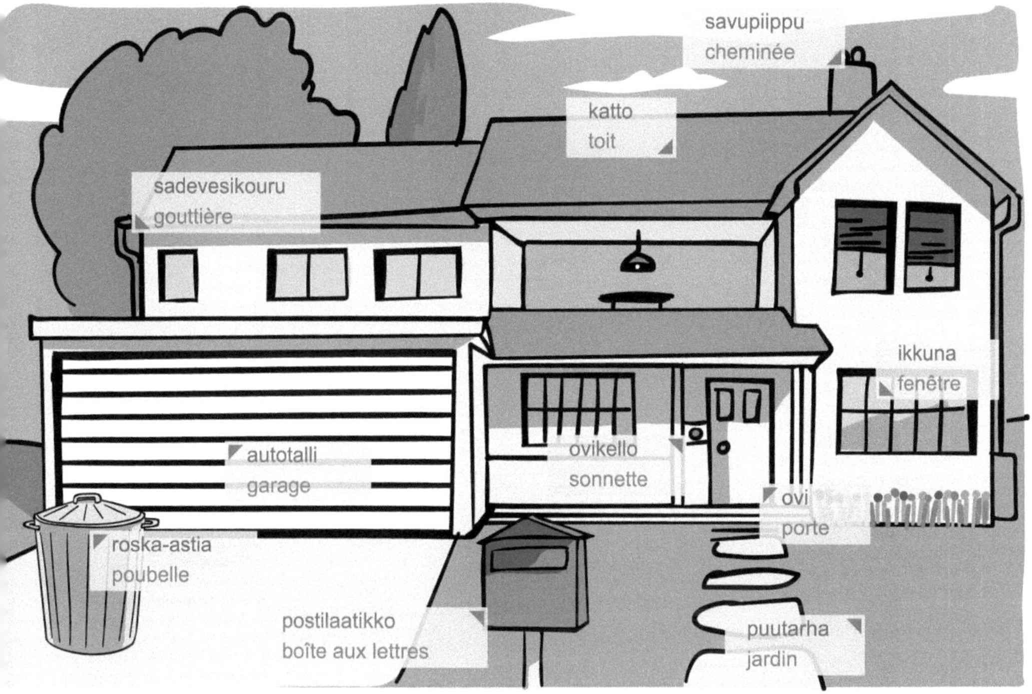
savupiippu
cheminée
katto
toit
sadevesikouru
gouttière
ikkuna
fenêtre
autotalli
garage
ovikello
sonnette
ovi
porte
roska-astia
poubelle
postilaatikko
boîte aux lettres
puutarha
jardin

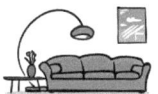

olohuone
salon

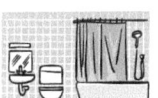

kylpyhuone
chambre de bain

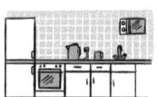

keittiö
cuisine

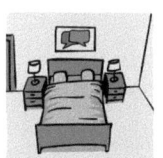

makuuhuone
chambre à coucher

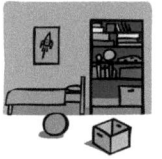

lastenhuone
chambre d'enfant

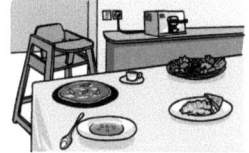

ruokahuone
salle à manger

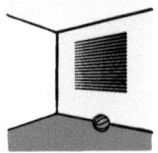

lattia

sol

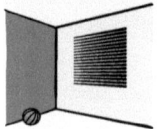

seinä

mur

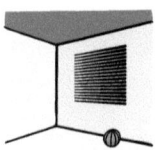

katto

plafond

kellari

cave

sauna

sauna

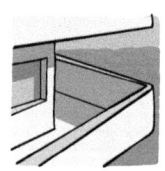

parveke

balcon

terassi

terrasse

uima-allas

piscine

ruohonleikkuri

tondeuse à gazon

lakana

fourre de duvet

päiväpeitto

couette

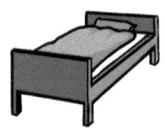

sänky

lit

harja

balai

ämpäri

sceau

katkaisin

interrupteur

olohuone

salon

tapetti
papier peint
kuva
image
lamppu
lampe
hylly
étagère
kaappi
armoire
televisio
télé
takka
cheminée
kukka
fleur
tyyny
coussin
sohva
canapé
maljakko
vase
kaukosäädin
télécommande

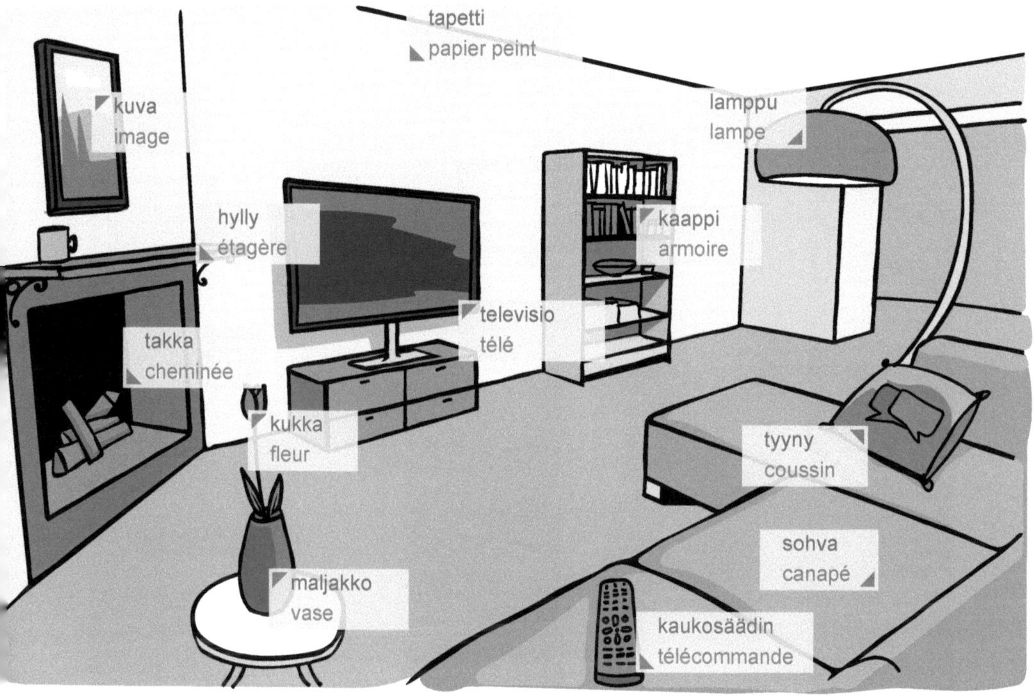

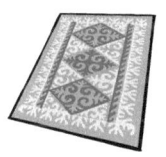

matto

tapis

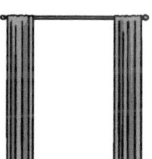

verho

rideau

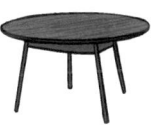

pöytä

table

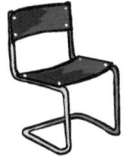

tuoli

chaise

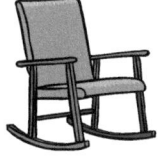

keinutuoli

chaise à bascule

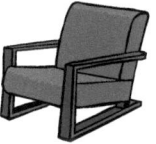

nojatuoli

fauteuil

kirja

livre

peitto

couverture

koriste

décoration

polttopuut

bois de chauffage

elokuva

film

stereot

chaîne hi-fi

avain

clé

sanomalehti

journal

maalaus

peinture

juliste

poster

radio

radio

muistivihko

bloc-notes

pölynimuri

aspirateur

kaktus

cactus

kynttilä

bougie

keittiö
cuisine

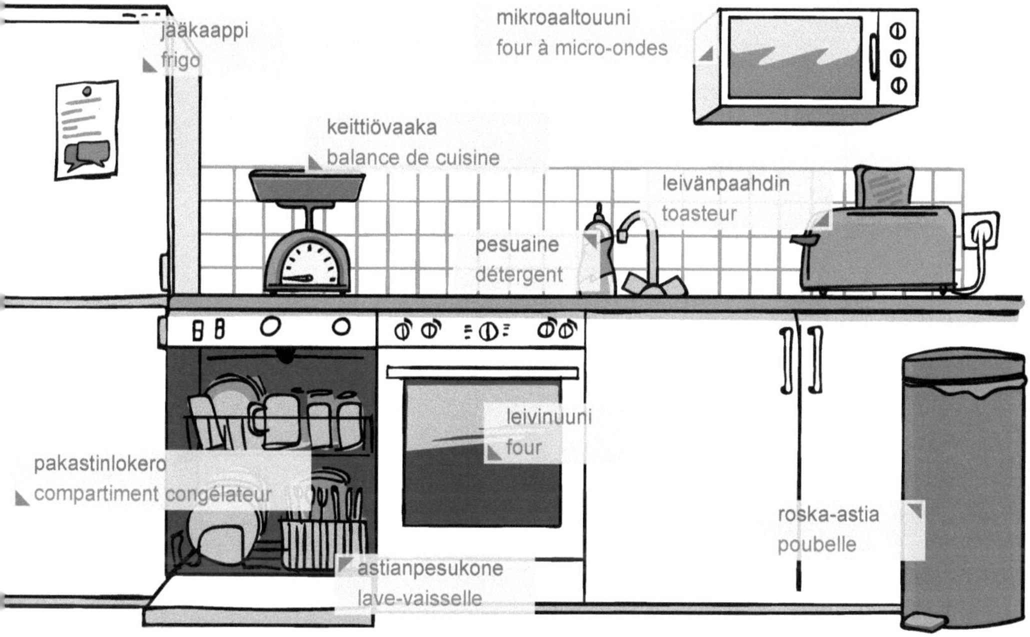
jääkaappi
frigo
mikroaaltouuni
four à micro-ondes
keittiövaaka
balance de cuisine
leivänpaahdin
toasteur
pesuaine
détergent
leivinuuni
four
pakastinlokero
compartiment congélateur
roska-astia
poubelle
astianpesukone
lave-vaisselle

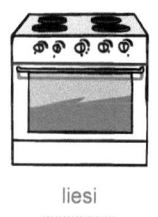

liesi
four

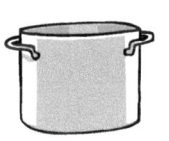

kattila
casserole

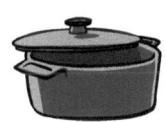

rautapata
marmite

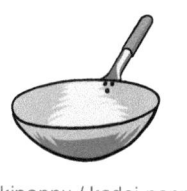

vokkipannu / kadai-pannu
wok/kadai

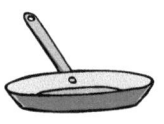

paistinpannu
poêle

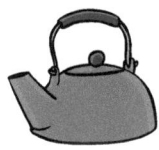

teepannu
bouilloire électrique

höyrykeitin

cuiseur vapeur

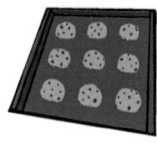

uunipelti

plaque de cuisson

astiat

vaisselle

muki

gobelet

kulho

bol

syömäpuikot

baguettes

kauha

louche

paistinlasta

spatule

vispilä

fouet

siivilä

passoire

siivilä

tamis

raastin

râpe

mortteli

mortier

grilli

barbecue

avotuli

cheminée

leikkuulauta

planche à découper

kaulin

rouleau à pâtisserie

korkinavaaja

tire-bouchon

purkki

boîte

purkinavaaja

ouvre-boîte

pannulappu

maniques

lavuaari

lavabo

tiskiharja

brosse

pesusieni

éponge

tehosekoitin

mixeur

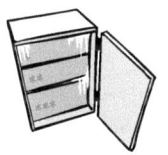

pakastin

congélateur

tuttipullo

biberon

vesihana

robinet

kylpyhuone
chambre de bain

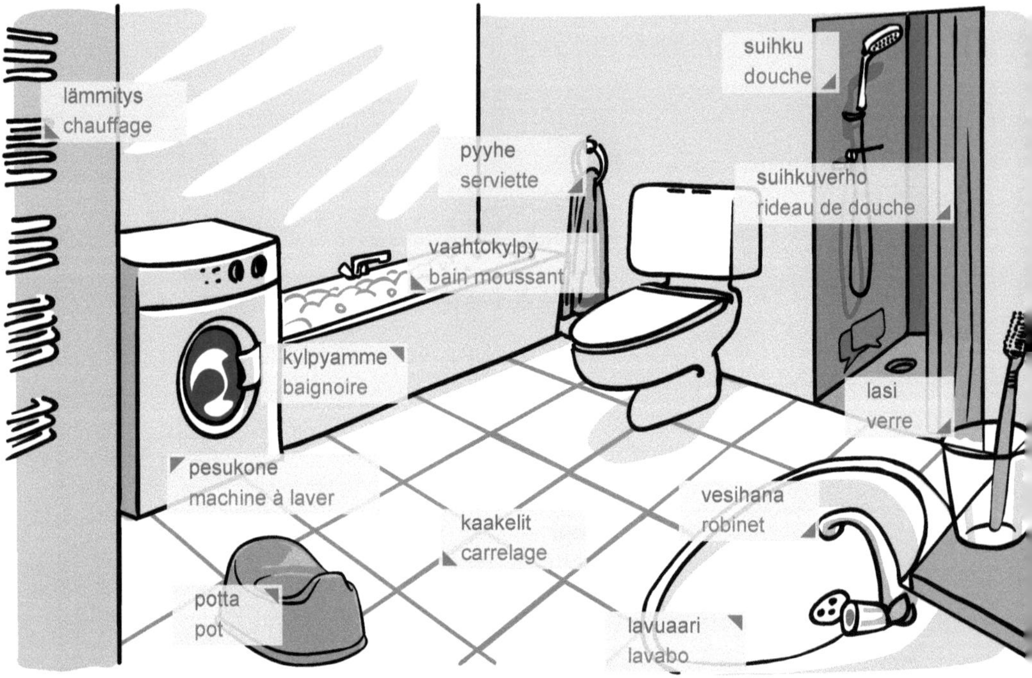

lämmitys
chauffage
suihku
douche
pyyhe
serviette
suihkuverho
rideau de douche
vaahtokylpy
bain moussant
kylpyamme
baignoire
lasi
verre
pesukone
machine à laver
vesihana
robinet
kaakelit
carrelage
potta
pot
lavuaari
lavabo

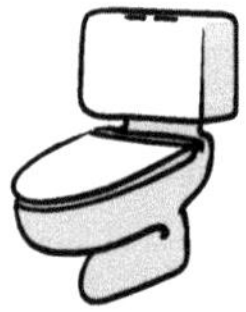

vessa

toilettes

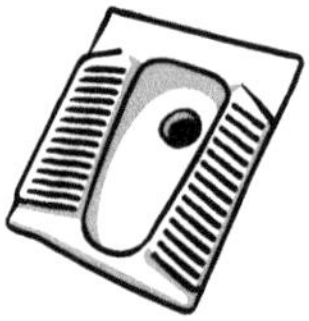

kyykkyvessa

toilette à turque

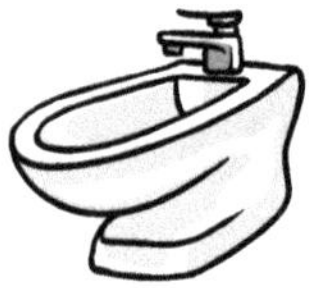

bidee

bidet

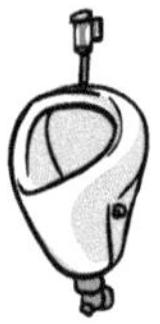

pisuaari

urinoir

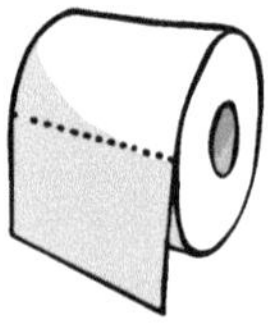

vessapaperi

papier toilette

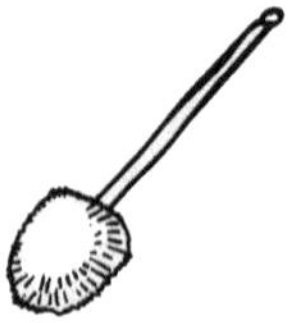

vessaharja

brosse à toilette

hammasharja

brosse à dents

hammastahna

dentifrice

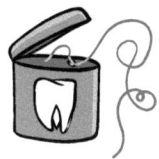

hammaslanka

fil dentaire

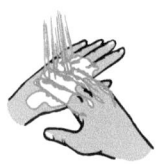

pestä

laver

käsisuihku

douche manuelle

intiimisuihku

douche intime

pesuvati

vasque

selkäharja

brosse dorsale

saippua

savon

suihkugeeli

gel douche

shampoo

shampooing

pesulappu

gant de toilette

viemäri

écoulement

voide

crème

deodorantti

déodorant

peili

miroir

käsipeili

miroir cosmétique

partaveitsi

rasoir

partavaahto

mousse à raser

partavesi

après-rasage

kampa

peigne

harja

brosse

hiustenkuivaaja

sèche-cheveux

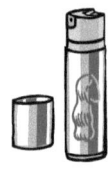

hiuslakka

laque pour cheveux

meikki

fond de teint

huulipuna

rouge à lèvres

kynsilakka

vernis à ongles

pumpuli

ouate

kynsisakset

coupe-ongles

hajuvesi

parfum

kosmetiikkalaukku

trousse de toilette

jakkara

tabouret

vaaka

balance

kylpytakki

peignoir

kumihansikkaat

gants de nettoyage

tamponi

tampon

terveysside

serviettes hygiéniques

kemiallinen wc

toilette chimique

lastenhuone
chambre d'enfant

herätyskello
réveil
pehmolelu
doudou
leikkiauto
voiture jouet
helistin
hochet
nukkekoti
maison de poupée
lahja
cadeau

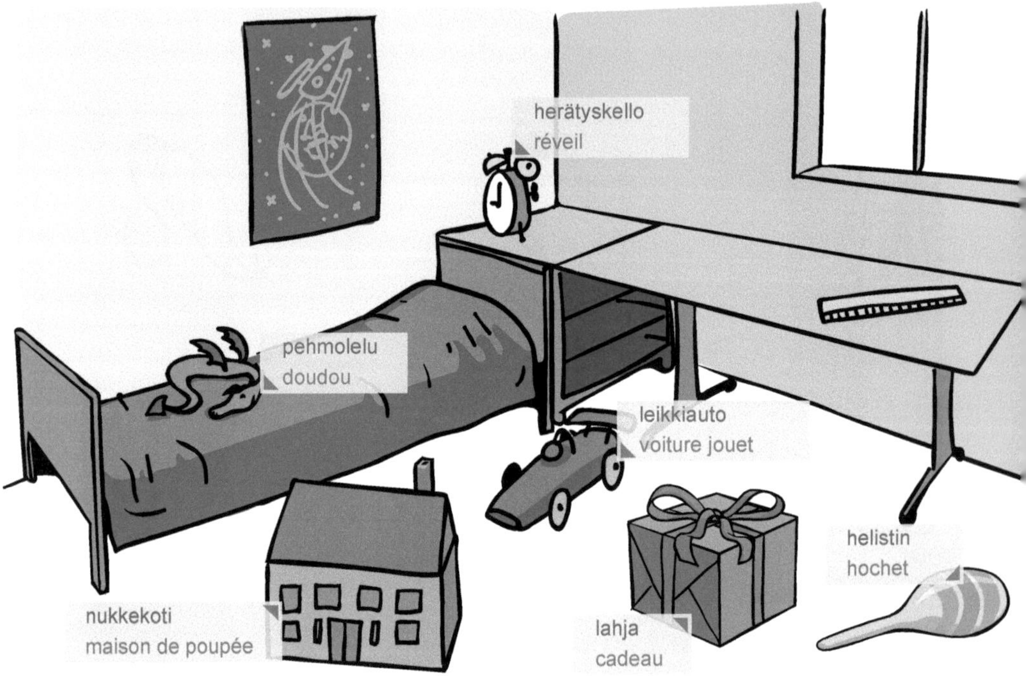

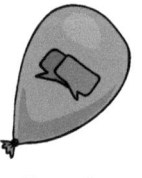

ilmapallo

ballon

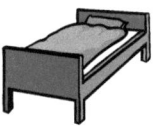

sänky

lit

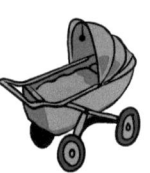

lastenvaunut

poussette

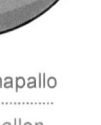

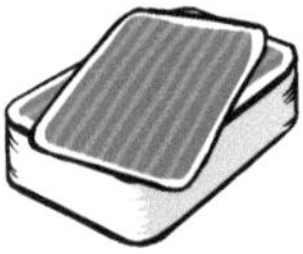

korttipeli

jeu de cartes

palapeli

puzzle

SUPER
MEGA

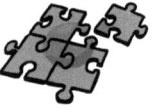

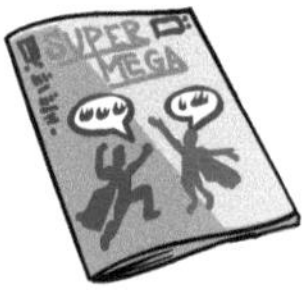

sarjakuva

bande dessinée

legopalikat

pièces lego

rakennuspalikat

blocs de construction

supersankari

figurine

potkupuku

grenouillère

frisbee

frisbee

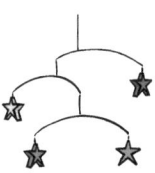

mobile

mobile

lautapeli

jeu de société

noppa

dé

pienoisjunarata

train miniature

tutti

sucette

juhlat

fête

kuvakirja

livre d'images

pallo

balle

nukke

poupée

leikkiä

jouer

hiekkalaatikko

bac à sable

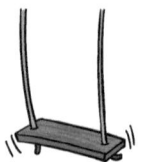

keinu

balançoire

lelut

jouets

pelikonsoli

console de jeu

kolmipyörä

tricycle

nalle

ours en peluche

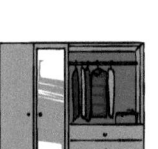

vaatekaappi

armoire

vaatteet
vêtements

sukat

chaussettes

nylonsukat

bas

sukkahousut

collant

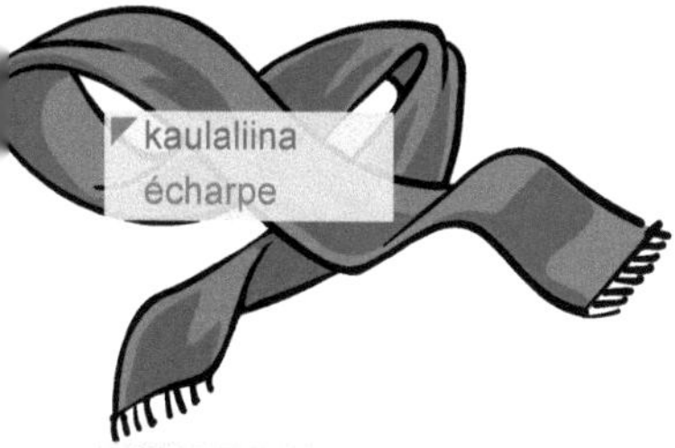

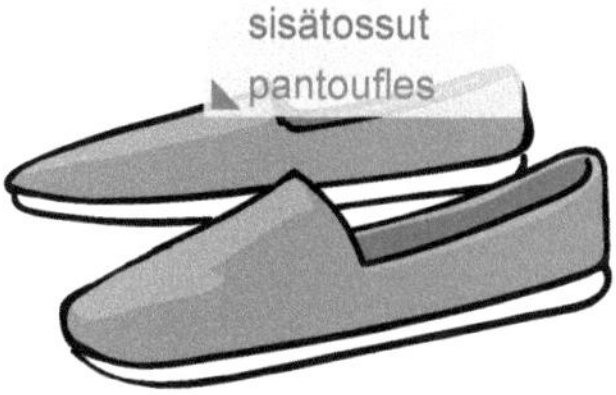

kaulaliina
écharpe

vyö
ceinture

sateenvarjo
parapluie

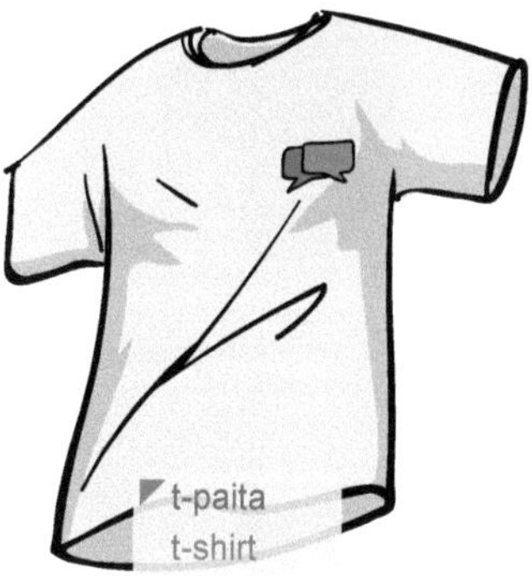

t-paita
t-shirt

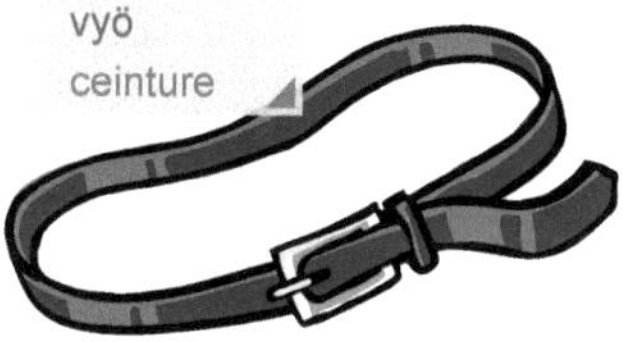

lenkkarit
baskets

saappaat
bottes

sisätossut
pantoufles

sandaalit
sandales

kengät
chaussures

kumisaappaat
bottes de caoutchouc

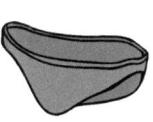

alushousut
linge de corps

rintaliivit
soutien-gorge

aluspaita
maillot de corps

body
body

housut
pantalon

farkut
jean

hame
jupe

pusero
chemisier

paita
chemise

villapaita
pull

collegepaita
pull-over à capuche

jakku
veste

takki
veste

takki
manteau

sadetakki
imperméable

puku
costume

mekko
robe

hääpuku
robe de mariée

puku
costume

yöpaita
chemise de nuit

pyjama
pyjama

shari
sari

päähuivi
foulard

turbaani
turban

burka
burqa

kaftaani
caftan

abaya
abaya

uimapuku
maillot de bain

uimahousut
costume de bain

shortsit
cuissettes

verkkarit
tenue d'entraînement

esiliina
tablier

käsineet
gants

nappi
bouton

silmälasit
lunettes

rannekoru
bracelet

kaulakoru
collier

sormus
bague

korvakoru
boucle d'oreille

lippalakki
bonnet

ripustin
cintre

hattu
chapeau

solmio
cravate

vetoketju
fermeture éclair

kypärä
casque

henkselit
bretelles

koulupuku
uniforme scolaire

univormu
uniforme

ruokalappu

bavoir

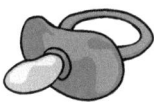

tutti

sucette

vaippa

couche

toimisto
bureau

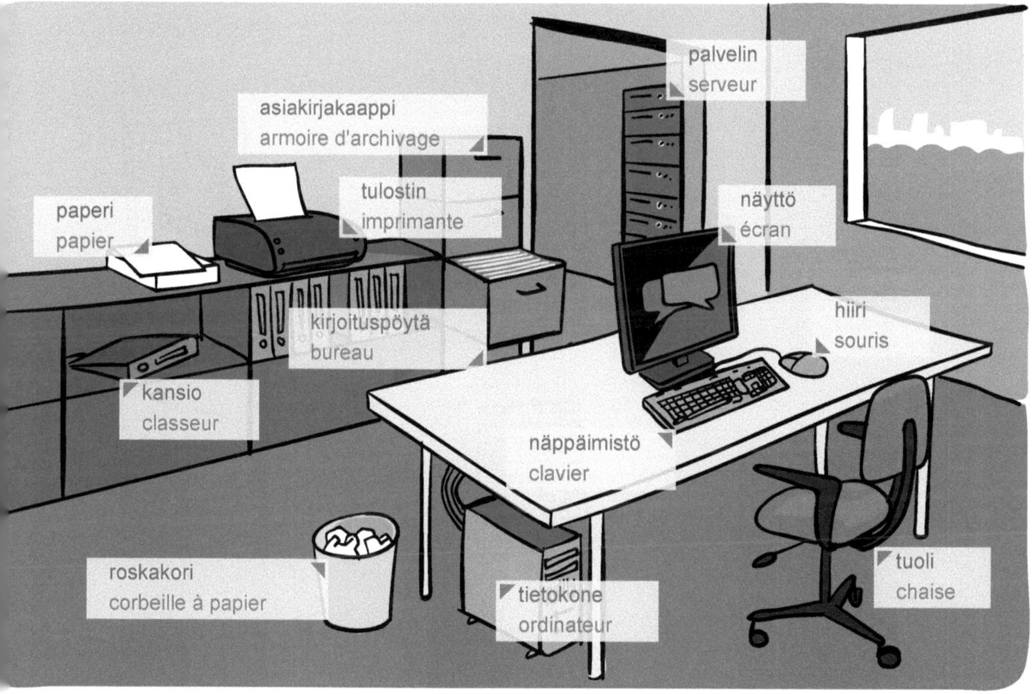

palvelin
serveur

asiakirjakaappi
armoire d'archivage

tulostin
imprimante

näyttö
écran

paperi
papier

kirjoituspöytä
bureau

hiiri
souris

kansio
classeur

näppäimistö
clavier

roskakori
corbeille à papier

tietokone
ordinateur

tuoli
chaise

kahvimuki

tasse à café

taskulaskin

calculatrice

internet

internet

kannettava tietokone

ordinateur portable

kirje

lettre

viesti

message

kännykkä

portable

verkko

réseau

kopiokone

photocopieuse

ohjelmisto

logiciel

puhelin

téléphone

pistorasia

prise

faksi

fax

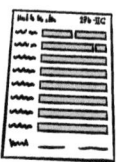

lomake

formulaire

asiakirja

document

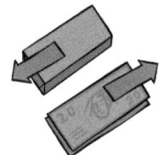

ostaa

acheter

maksaa

payer

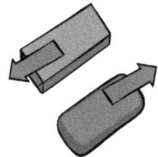

vaihtaa

marchander

raha

monnaie

dollari

dollar

euro

euro

jeni

yen

rupla

rouble

frangi

franc suisse

renminbi juan

renminbi yuan

rupia

roupie

pankkiautomaatti

distributeur automatique

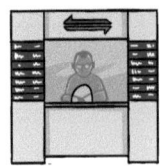

rahanvaihto

bureau de change

kulta

or

hopea

argent

öljy

pétrole

energia

énergie

hinta

prix

sopimus

contrat

vero

taxe

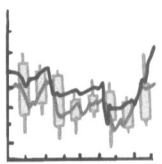

osake

action

työskennellä

travailler

työntekijä

employé

työnantaja

employeur

tehdas

usine

liike

magasin

ammatit
professions

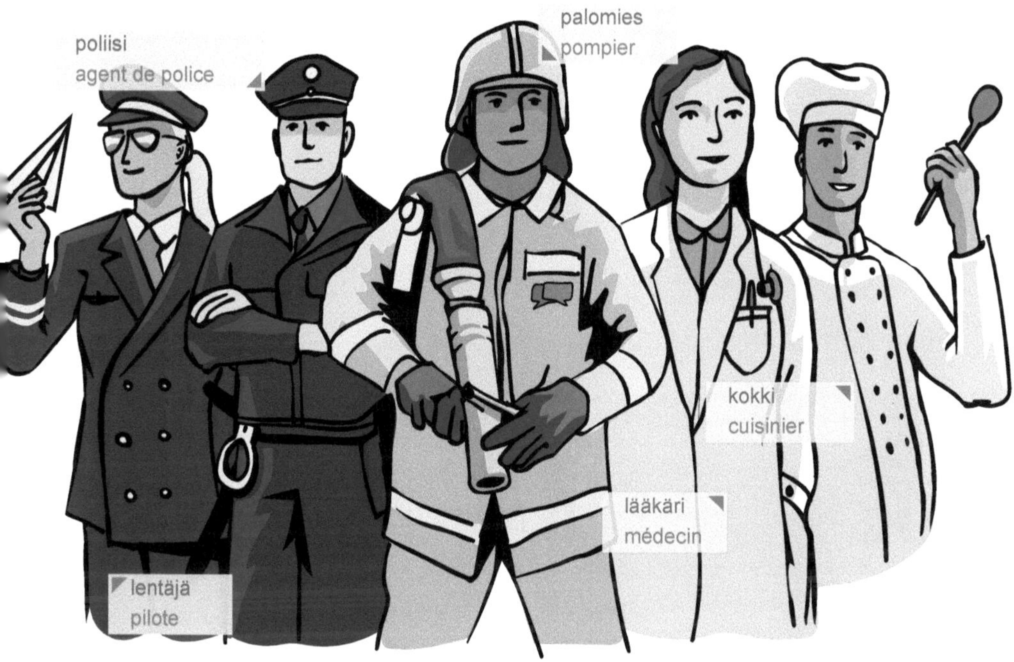
poliisi
agent de police
palomies
pompier
kokki
cuisinier
lääkäri
médecin
lentäjä
pilote

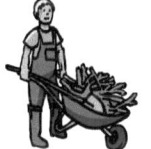

puutarhuri

jardinier

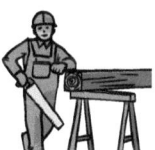

puuseppä

menuisier

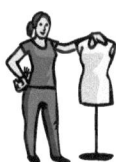

ompelija

couturière

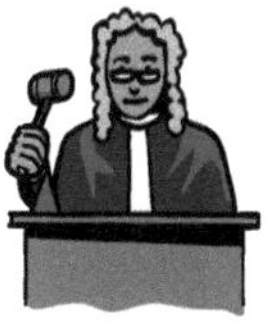

tuomari

juge

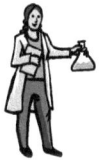

kemisti

chimiste

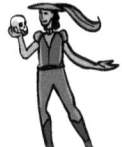

näyttelijä

acteur

linja-autonkuljettaja

conducteur de bus

taksinkuljettaja

chauffeur de taxi

kalastaja

pêcheur

siivooja

femme de ménage

katontekijä

couvreur

tarjoilija

serveur

metsästäjä

chasseur

maalari

peintre

leipuri

boulanger

sähköasentaja

électricien

rakentaja

ouvrier

insinööri

ingénieur

teurastaja

boucher

putkiasentaja

plombier

postinjakaja

facteur

sotilas

soldat

arkkitehti

architecte

kassanhoitaja

caissier

floristi

fleuriste

kampaaja

coiffeur

konduktööri

contrôleur

mekaanikko

mécanicien

kapteeni

capitaine

hammaslääkäri

dentiste

tiedemies

scientifique

rabbi

rabbin

imaami

imam

munkki

moine

pappi

prêtre

työkalut
outils

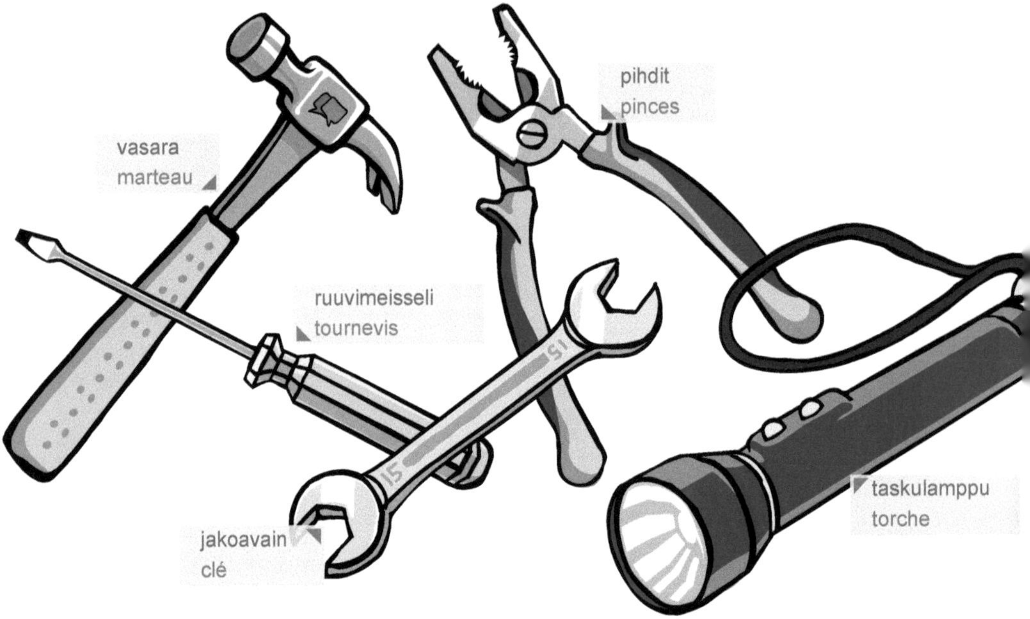

vasara
marteau
pihdit
pinces
ruuvimeisseli
tournevis
jakoavain
clé
taskulamppu
torche

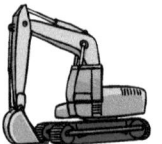

kaivinkone

pelleteuse

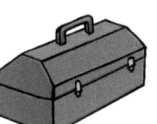

työkalupakki

boîte à outils

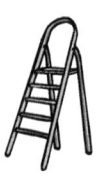

tikkaat

échelle

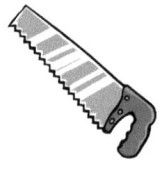

saha

scie

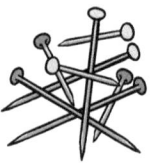

naulat

clous

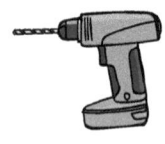

pora

perceuse

korjata

réparer

lapio

pelle

Hitto!

Mince!

rikkalapio

pelle

maalipurkki

pot de peinture

ruuvit

vis

soittimet

instruments de musique

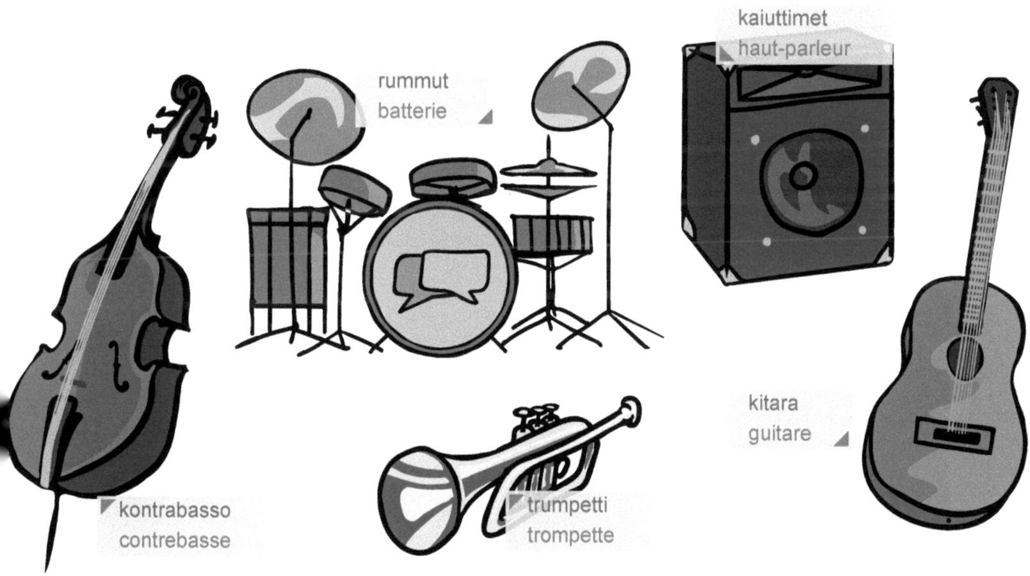

kaiuttimet
haut-parleur

rummut
batterie

kitara
guitare

kontrabasso
contrebasse

trumpetti
trompette

piano

piano

viulu

violon

basso

basse

patarummut

timbales

rumpu

tambour

kosketinsoitin

piano électrique

saksofoni

saxophone

huilu

flûte

mikrofoni

microphone

eläintarha

zoo

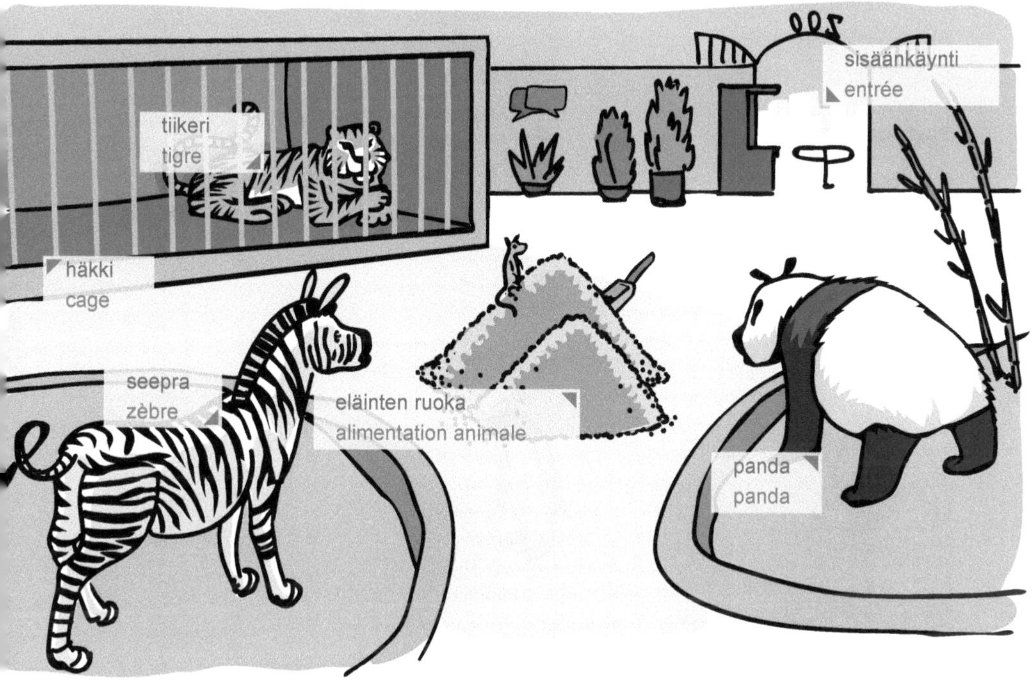

zoo
sisäänkäynti
entrée
tiikeri
tigre
häkki
cage
seepra
zèbre
eläinten ruoka
alimentation animale
panda
panda

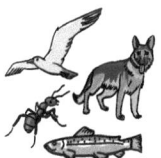

eläimet

animaux

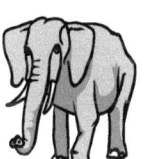

norsu

éléphant

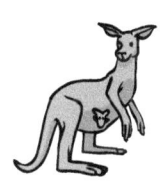

kenguru

kangourou

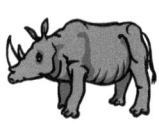

sarvikuono

rhinocéros

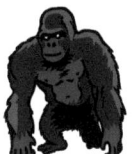

gorilla

gorille

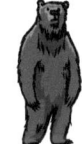

karhu

ours

kameli

chameau

strutsi

autruche

leijona

lion

apina

singe

flamingo

flamand rose

papukaija

perroquet

jääkarhu

ours polaire

pingviini

pingouin

hai

requin

riikinkukko

paon

käärme

serpent

krokotiili

crocodile

eläintarhanhoitaja

gardien de zoo

hylje

phoque

jaguaari

jaguar

poni

poney

leopardi

léopard

virtahepo

hippopotame

kirahvi

girafe

kotka

aigle

villisika

sanglier

kala

poisson

kilpikonna

tortue

mursu

morse

kettu

renard

gaselli

gazelle

amerikkalainen jalkapallo
american Football

pyöräily
cyclisme

tennis
tennis

koripallo
basket-ball

uinti
natation

nyrkkeily
boxe

jääkiekko
hockey sur glace

jalkapallo
football

sulkapallo
badminton

yleisurheilu
athlétisme

käsipallo
handball

hiihto
ski

poolo
polo

aktiviteetit
activités

nauraa
rire
hypätä
sauter
halata
embrasser
kävellä
marcher
laulaa
chanter
unelmoida
rêver
rukoilla
prier
suudella
faire la bise

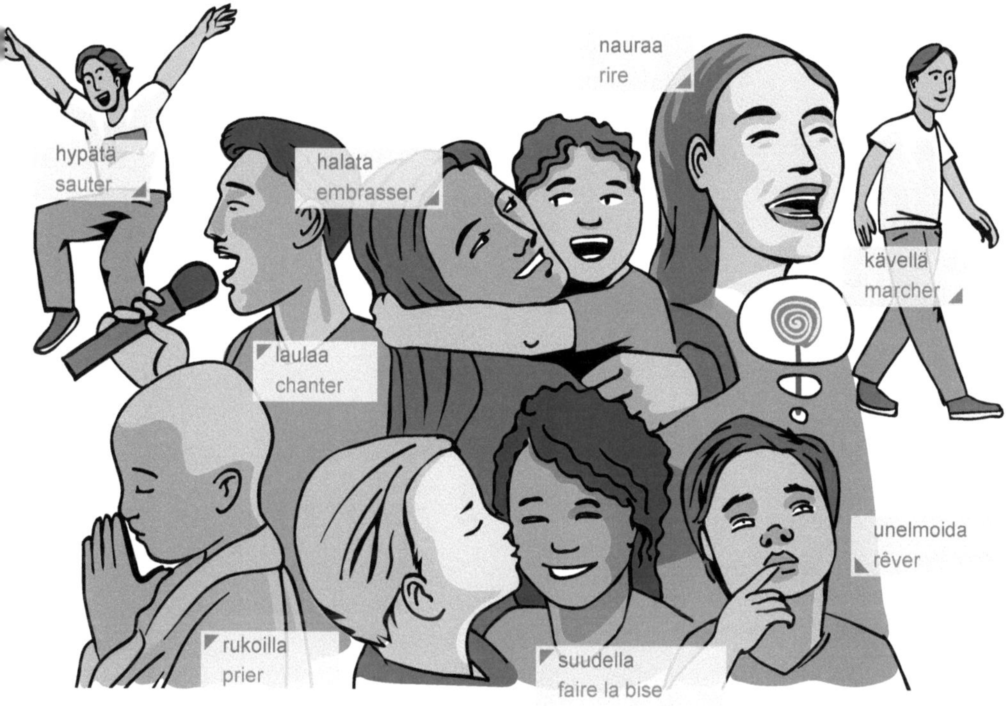

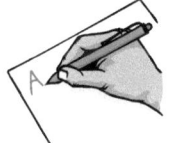

kirjoittaa

écrire

piirtää

dessiner

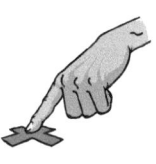

näyttää

montrer

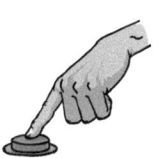

painaa

pousser

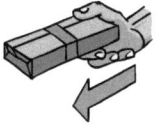

antaa

donner

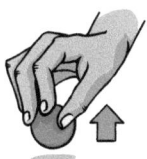

ottaa

prendre

omistaa
avoir

tehdä
faire

olla
être

seisoa
être debout

juosta
courir

vetää
trier

heittää
jeter

kaatua
tomber

maata
être couché

odottaa
attendre

kantaa
porter

istua
être assis

pukeutua
s'habiller

nukkua
dormir

herätä
se réveiller

katsoa

regarder

itkeä

pleurer

silittää

caresser

kammata

peigner

puhua

parler

ymmärtää

comprendre

kysyä

demander

kuunnella

écouter

juoda

boire

syödä

manger

siivota

ranger

rakastaa

aimer

keittää

cuire

ajaa

conduire

lentää

voler

aktiviteetit - activités

purjehtia

faire de la voile

laskea

calculer

lukea

lire

oppia

apprendre

työskennellä

travailler

mennä naimisiin

se marier

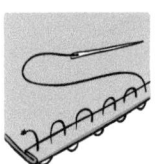

ommella

coudre

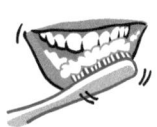

pestä hampaat

se brosser les dents

tappaa

tuer

tupakoida

fumer

lähettää

envoyer

mummo
grand-mère

ukki
grand-père

isä
père

äiti
mère

vauva
bébé

tytär
fille

poika
fils

vieras
········
hôte

täti
········
tante

setä
········
oncle

veli
········
frère

sisko
········
sœur

vartalo

corps

otsa
front
silmä
œil
olkapää
épaule
sormet
doigt
kasvot
visage
leuka
menton
käsi
main
jalka
jambe
rinta
poitrine
käsivarsi
bras

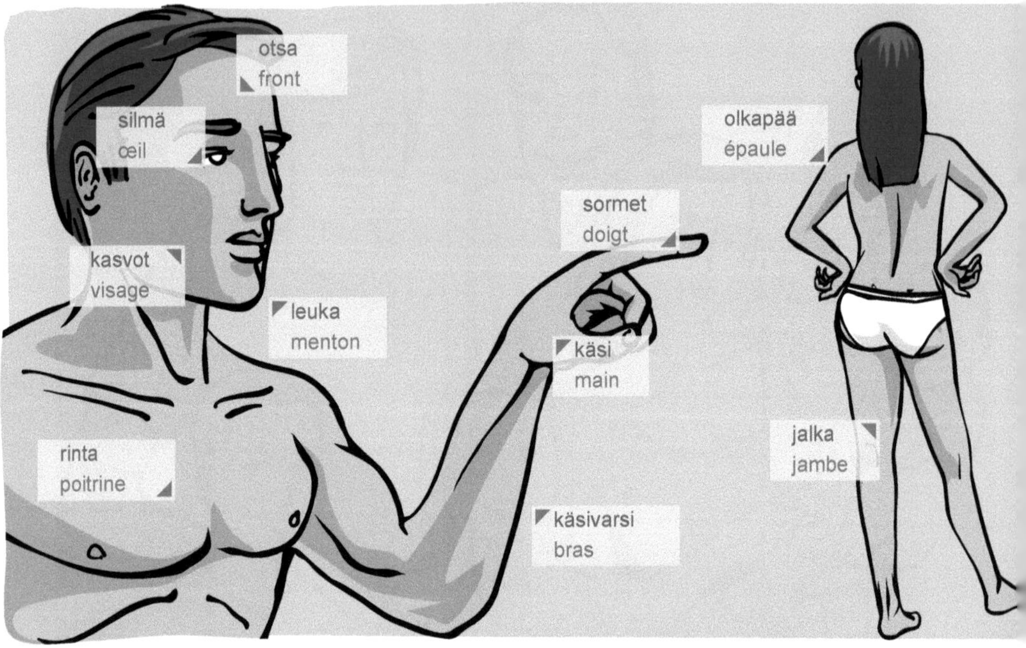

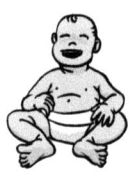

vauva
bébé

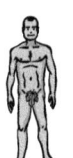

mies
homme

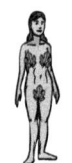

nainen
femme

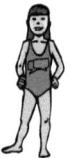

tyttö
fille

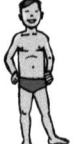

poika
garçon

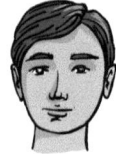

pää
tête

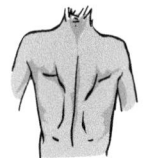

selkä
dos

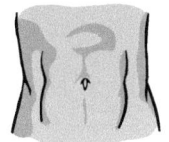

maha
ventre

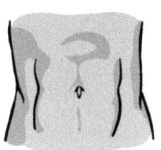

napa
nombril

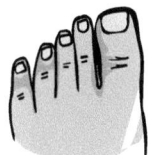

varvas
orteil

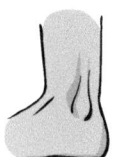

kantapää
talon

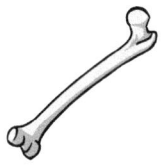

luu
os

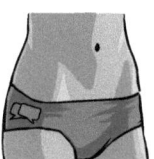

lantio
hanche

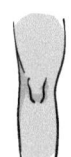

polvi
genou

kyynärpää
coude

nenä
nez

takapuoli
fesses

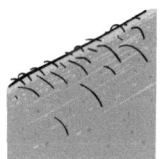

iho
peau

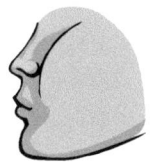

poski
joue

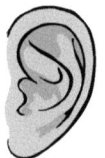

korva
oreille

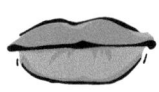

huuli
lèvre

suu

bouche

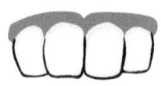

hammas

dent

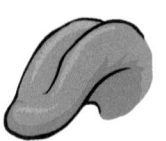

kieli

langue

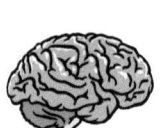

aivot

cerveau

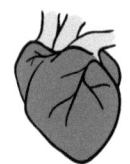

sydän

cœur

lihas

muscle

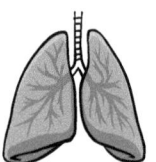

keuhkot

poumons

maksa

foie

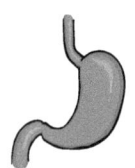

vatsa

estomac

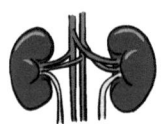

munuaiset

reins

seksi

rapport sexuel

kondomi

préservatif

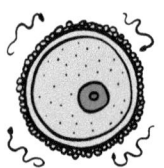

munasolu

ovule

sperma

sperme

raskaus

grossesse

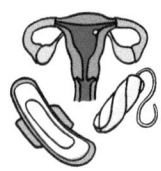

kuukautiset
menstruation

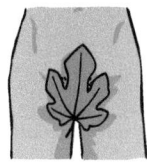

vagina
vagin

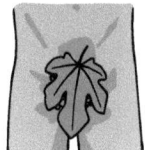

penis
pénis

kulmakarvat
sourcil

hiukset
cheveux

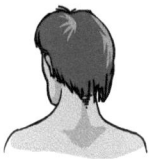

niska
cou

sairaala
hôpital

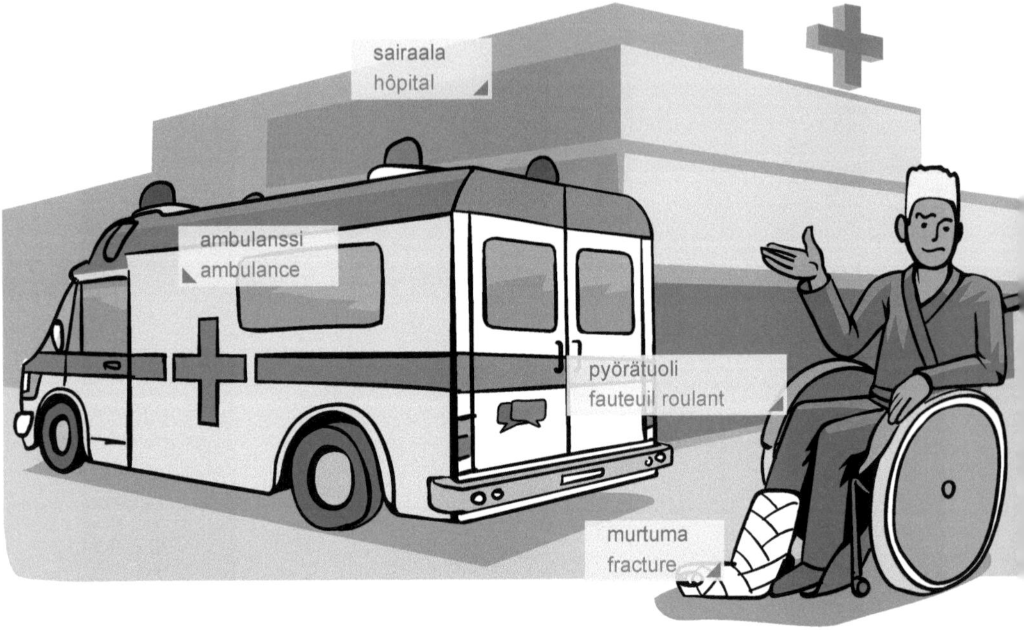

sairaala
hôpital
ambulanssi
ambulance
pyörätuoli
fauteuil roulant
murtuma
fracture

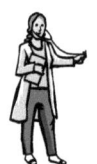

lääkäri
médecin

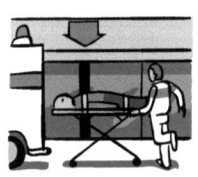

ensiapu
service des urgences

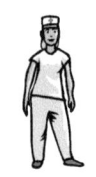

sairaanhoitaja
infirmière

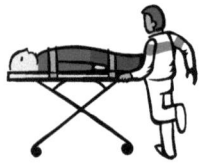

hätätilanne
urgence

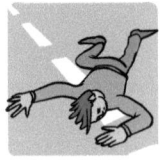

tajuton
inconscient

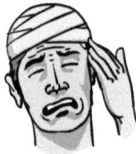

kipu
douleur

vamma

blessure

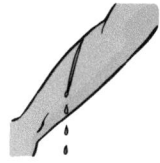

verenvuoto

hémorragie

sydänkohtaus

crise cardiaque

aivoinfarkti

attaque cérébrale

allergia

allergie

yskä

toux

kuume

fièvre

flunssa

grippe

ripuli

diarrhée

päänsärky

mal de tête

syöpä

cancer

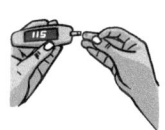

diabetes

diabète

kirurgi

chirurgien

veitsi

scalpel

leikkaus

opération

ct
CT

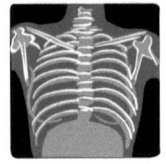

röntgen
radiographie

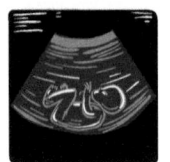

ultraääni
échographie

maski
masque

sairaus
maladie

odotushuone
salle d'attente

sauva
béquille

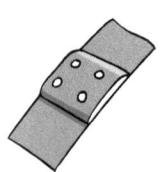

laastari
pansement

side
pansement

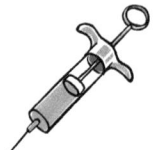

pistos
injection

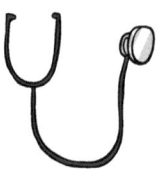

stetoskooppi
stéthoscope

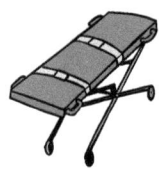

paarit
brancard

kuumemittari
thermomètre

syntymä
accouchement

ylipaino
surpoids

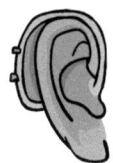

kuulolaite

appareil auditif

desinfiointiaine

désinfectant

infektio

infection

virus

virus

HIV / AIDS

VIH / sida

lääke

médicament

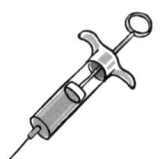

rokotus

vaccination

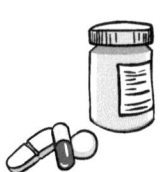

tabletit

tablettes

pilleri

pilule

hätäpuhelu

appel d'urgence

verenpainemittari

tensiomètre

sairas / terve

malade / sain

Apua!

Au secours!

hälytys

alarme

ryöstö

agression

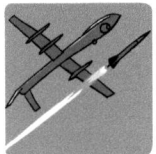

hyökkäys

attaque

vaara

danger

hätäuloskäynti

sortie de secours

Tulipalo!

Au feu!

palosammutin

extincteur

onnettomuus

accident

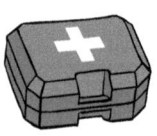

ensiapulaukku

trousse de premier secours

SOS

SOS

poliisilaitos

police

Eurooppa

Europe

Pohjois-Amerikka

Amérique du Nord

Etelä-Amerikka

Amérique du Sud

Afrikka

Afrique

Aasia

Asie

Australia

Australie

Atlantin valtameri

Océan atlantique

Tyynimeri

Océan pacifique

Intian valtameri

Océan indien

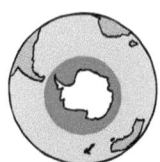

Eteläinen jäämeri

Océan antarctique

Pohjoinen jäämeri

Océan arctique

pohjoisnapa

Pônord

etelänapa

Pôsud

Antarktis

Antarctique

maa

terre

maa

pays

meri

mer

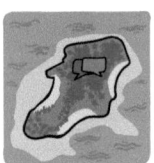

saari

île

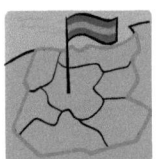

kansa

nation

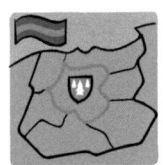

osavaltio

état

kellotaulu
cadran

tuntiviisari
aiguille des heures

minuuttiviisari
aiguille des minutes

sekuntiviisari
aiguille des secondes

Paljonko kello on?
Quelle heure est-il?

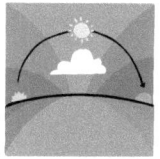

päivä
jour

aika
temps

nyt
maintenant

digitaalikello
montre digitale

minuutti
minute

tunti
heure

viikko
semaine

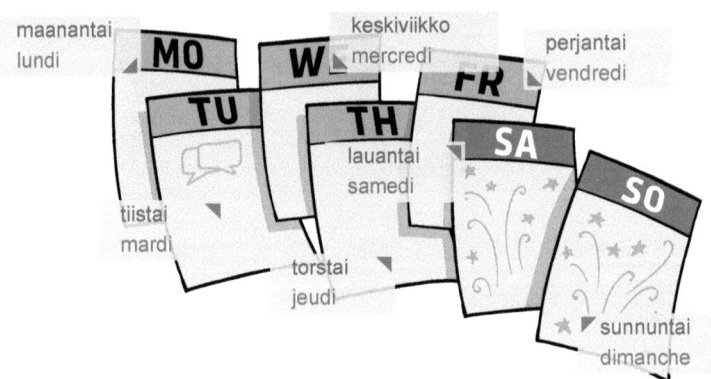

maanantai / lundi — MO
keskiviikko / mercredi — WE
perjantai / vendredi — FR
TU
TH
lauantai / samedi — SA
tiistai / mardi
torstai / jeudi
SO
sunnuntai / dimanche

eilen
hier

tänään
aujourd'hui

huomenna
demain

aamu
matin

keskipäivä
midi

ilta
soir

MO	TU	WE	TH	FR	SA	SU
1	2	3	4	5	6	7
8	9	10	11	12	13	14
15	16	17	18	19	20	21
22	23	24	25	26	27	28
29	30	31	1	2	3	4

työpäivät
jours ouvrables

MO	TU	WE	TH	FR	SA	SU
1	2	3	4	5	6	7
8	9	10	11	12	13	14
15	16	17	18	19	20	21
22	23	24	25	26	27	28
29	30	31	1	2	3	4

viikonloppu
week-end

vuosi
année

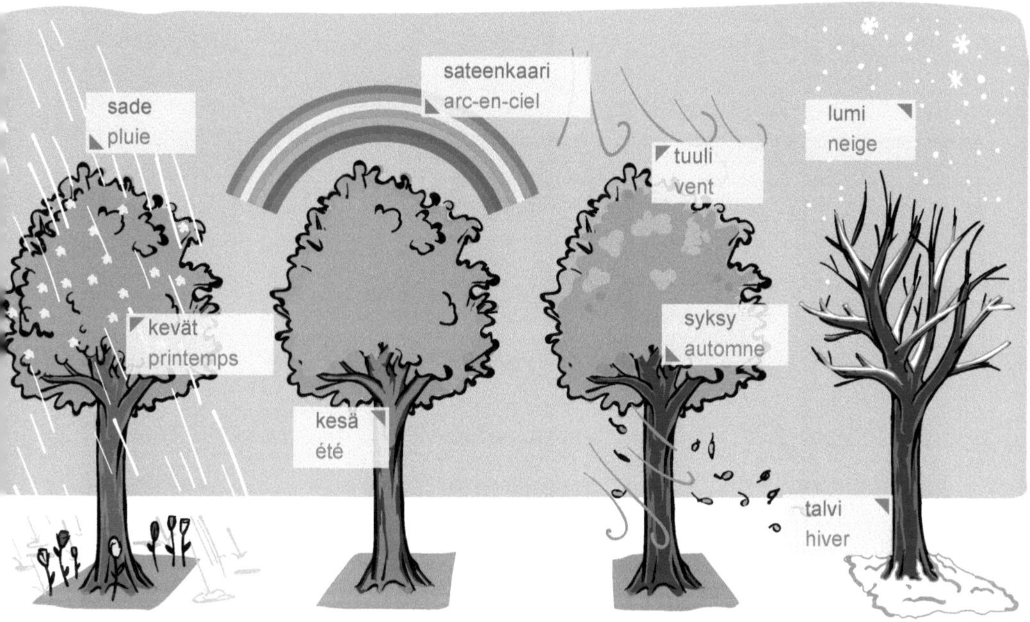
sade
pluie
sateenkaari
arc-en-ciel
lumi
neige
tuuli
vent
kevät
printemps
syksy
automne
kesä
été
talvi
hiver

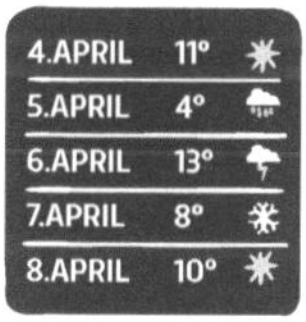
4.APRIL 11°
5.APRIL 4°
6.APRIL 13°
7.APRIL 8°
8.APRIL 10°

sääennuste

météo

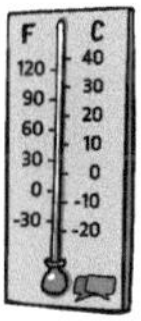
F
C
120
90
60
30
0
-30
40
30
20
10
0
-10
-20

lämpömittari

thermomètre

auringonpaiste

lumière du soleil

pilvi

nuage

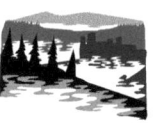

sumu

brouillard

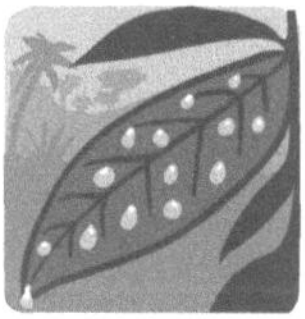

ilmankosteus

humidité

salama

foudre

ukkonen

tonnerre

myrsky

tempête

rae

grêle

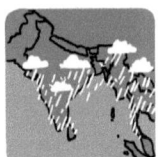

monsuuni

mousson

tulva

inondation

jää

glace

tammikuu

janvier

helmikuu

février

maaliskuu

mars

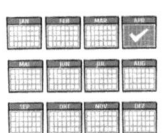

huhtikuu

avril

toukokuu

mai

kesäkuu

juin

heinäkuu

juillet

elokuu

août

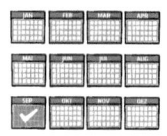

syyskuu

septembre

lokakuu

octobre

marraskuu

novembre

joulukuu

décembre

muodot
formes

ympyrä

cercle

neliö

carré

suorakulmio

rectangle

kolmio

triangle

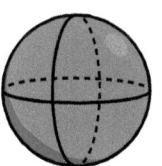

pallo

sphère

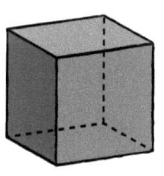

kuutio

cube

valkoinen

blanc

keltainen

jaune

oranssi

orange

vaaleanpunainen

rose

punainen

rouge

violetti

violet

sininen

bleu

vihreä

vert

ruskea

marron

harmaa

gris

musta

noir

paljon / vähän
beaucoup / peu

vihainen / ystävällinen
fâché / calme

kaunis / ruma
joli / laid

alku / loppu
début / fin

suuri / pieni
grand / petit

vaalea / tumma
clair / obscure

veli / sisko
frère / sœur

puhdas / likainen
propre / sale

täydellinen / epätäydellinen

complet / incomplet

päivä / yö
jour / nuit

kuollut / elävä
mort / vivant

leveä / kapea
large / étroit

syötävä / syömäkelvoton

comestible / incomestible

paha / kiltti

méchant / gentil

innostunut / tylsistynyt

excité / ennuyé

lihava / laiha

gros / mince

ensimmäinen / viimeinen

premier / dernier

ystävä / vihollinen

ami / ennemi

täysi / tyhjä

plein / vide

kova / pehmeä

dur / souple

painava / kevyt

lourd / léger

nälkä / jano

faim / soif

sairas / terve

malade / sain

laiton / laillinen

illégal / légal

älykäs / tyhmä

intelligent / stupide

vasen / oikea

gauche / droite

lähellä / kaukana

proche / loin

uusi / käytetty

nouveau / usé

ei mitään / jotain

rien / quelque chose

vanha / nuori

vieux / jeune

päällä / pois päältä

marche / arrêt

auki / kiinni

ouvert / fermé

hiljainen / äänekäs

faible / fort

rikas / köyhä

riche / pauvre

oikein / väärin

correct / incorrect

karhea / sileä

rugueux / lisse

surullinen / iloinen

triste / heureux

lyhyt / pitkä

court / long

hidas / nopea

lent / rapide

märkä / kuiva

mouillé / sec

lämmin / viileä

chaud / froid

sota / rauha

guerre / paix

nombres

0

nolla
zéro

1

yksi
un

2

kaksi
deux

3

kolme
trois

4

neljä
quatre

5

viisi
cinq

6

kuusi
six

7

seitsemän
sept

8

kahdeksan
huit

9

yhdeksän
neuf

10

kymmenen
dix

11

yksitoista
onze

12

kaksitoista

douze

13

kolmetoista

treize

14

neljätoista

quatorze

15

viisitoista

quinze

16

kuusitoista

seize

17

seitsemäntoista

dix-sept

18

kahdeksantoista

dix-huit

19

yhdeksäntoista

dix-neuf

20

kaksikymmentä

vingt

100

sata

cent

1.000

tuhat

mille

1.000.000

miljoona

million

numerot - nombres

englanti

anglais

amerikanenglanti

anglais américain

mandariinikiina

chinois mandarin

hindi

hindi

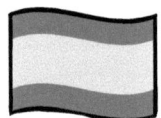

espanja

espagnol

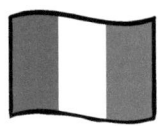

ranska

français

arabia

arabe

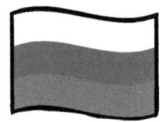

venäjä

russe

portugali

portugais

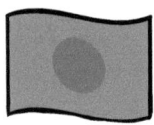

bengali

bengali

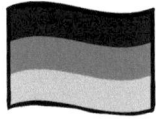

saksa

allemand

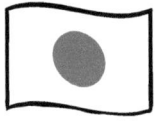

japani

japonais

minä
je

sinä
tu

hän
il / elle

me
nous

te
vous

he
ils / elles

kuka?
qui?

mitä / mikä?
quoi?

miten?
comment?

missä?
où?

milloin?
quand?

HELLO, I AM

nimi
nom

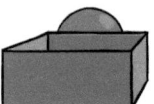

takana

derrière

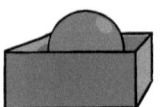

sisällä

dans

edessä

devant

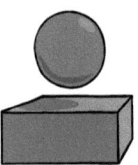

yläpuolella

au-dessus

päällä

sur

alapuolella

en-dessous

vieressä

à côté de

välissä

entre

paikka

lieu